宋元明清

名画图录

（山水卷）

社会科学文献出版社

图书在版编目(CIP)数据

宋元明清名画图录.山水卷/社会科学文献出版社编.
北京：社会科学文献出版社，2003.1
ISBN 7-80149-860-7

Ⅰ.宋… Ⅱ.社… Ⅲ.山水画-作品集-中国-古代
Ⅳ.J222.4

中国版本图书馆CIP数据核字(2002)第110637号

宋元明清名画图录（山水卷）

编　　者：本社编
责任编辑：孙元明　汤兮
责任印制：盖永东
整体设计：BA工作室 DESIGN STUDIO　高大为

出版发行：社会科学文献出版社
(北京东城区先晓胡同10号　电话 65230105、65139961　邮编 100005)
网址：www.ssdph.com.cn
经　　销：新华书店总店
印　　刷：北京市美通印刷有限公司

开　　本：787×1092毫米　1/16开
印　　张：6.75
图片数量：100 幅
版　　次：2003年2月第1版　2003年2月第1次印刷

ISBN 7-80149-860-7/J·008　**全书共三卷 定价：75.00元(每卷25.00元)**

出版者的话

中国画艺术以其悠久的历史和独树一帜的特色，在中国民族文化宝库中占有极其重要的地位，写下了光辉灿烂的篇章。

随着历史的发展，中国画各流派逐渐形成了奇葩异卉、斗妍争辉的局面，如渭渭泉水汇成江河，宏深博大，蔚为奇观。

宋代绘画在隋、唐、五代的基础上得到了进一步的发展，民间绘画、宫廷绘画、士大夫绘画各成体系，又互为影响和渗透，构成了宋代绘画丰富多彩的兴盛阶段。

元代绘画亲儒重道，礼遇文士，文人画占据了画坛的主流。诗、书、画三者结合，形成了鲜明的时代风格，有力推动了后世文人画的蓬勃发展。

明代绘画无论在传统绘画门类、各艺术流派还是绘画题材方面均呈现繁盛的局面，特别是在水墨山水和写意花鸟画法方面，成就尤其显著。

清代绘画文人画风靡，山水画勃兴，水墨写意画法盛行，形成了许多独具个性的绘画风格和纷繁的艺术流派，其中文人画分出崇古和创新两种不同的走向。

我们根据历史文献，以宋、元、明、清的历史脉络为序，收录了范宽、马远、崔白、倪瓒、唐寅、董其昌、王时敏等数十位画家的三百幅经典之作，按山水、花鸟、人物分成三卷出版。

制版时，图、文均采取原版复制的方式，为的是给读者保留一点原汁的味道。本套书虽不能囊括宋、元、明、清各代全部精品，但也可使读者对上述年代的中国画艺术有个大致了解。我们相信，这套书的面世给中国绘画的研习者、美术史的研究者以及大中院校师生提供了一套难得的文献资料。如果说我们的劳动能给广大读者有一点帮助或启迪的话，我们甚感欣慰，这也是我们出版此套书的目的所在。

目录

目录

宋人寒林樓觀

絹本設色縱四尺六寸八分橫二尺八寸一分

石渠寶笈著錄

宋人畫萬山積雪

絹本淺設色縱四尺五寸三分橫二尺五寸一分

石渠寶笈三編著錄

宋人畫山水

絹本墨筆縱五尺四寸橫二尺五寸五分清耿昭忠舊藏石渠寶笈續編著錄

宋閻次平四樂圖

絹本淺設色縱六尺二分橫三尺四分清梁清標舊藏

閻次平閻仲之子能世其學而過之畫山水人物工於畫牛髣髴李唐而跡不逮意孝宗隆興初進畫圖稱旨補將仕郎畫院祗候賜金帶圖繪寶鑒

宋人畫山水

絹本設色縱三尺五寸六分橫一尺七寸九分上高宗題趙秉冲書縱九寸七分橫如本幅石渠寶笈三編著錄

宋董源龍宿郊民
絹本設色縱四尺九寸橫五尺四分大觀錄石渠寶笈重編均

宋燕文貴溪山樓觀

絹本墨筆縱三尺二寸八分横一尺四寸九分墨緣彙觀石渠寶笈續編著錄

燕文貴吳興人隷軍中入圖畫院善人物山水細碎清潤自成一家有燕家景致之稱端拱中敕畫臣面進紈扇帝覽文貴畫甚悅富商高氏家有所繪舶船渡海像本大不盈尺舟如葉人如麥而檣帆棹櫓指呼奮踴盡得情狀至於島嶼相望蛟蜃雜出咫尺千里尤爲特妙

宋人松泉磐石
絹本墨筆縱五尺橫三尺石渠寶笈著録

宋人岷山晴雪

絹本墨筆縱三尺六寸横三尺一寸四分石渠寶笈著錄

宋范寬雪山蕭寺

絹本淺設色縱五尺六寸九分橫三尺三寸八分

清宋犖父子舊藏石渠寶笈三編著錄

宋人布畫山水

麤生絲本 專門委員審定註語 原題曰布淺設色界畫縱四尺八寸二分橫四尺二寸五分石渠寶笈續編著錄

宋郭熙關山春雪

絹本墨筆縱五尺六寸横一尺六寸石渠寶笈三編著錄

郭熙河陽温縣人爲御畫院藝學善山水寒林得名於時初以巧贍致工既久又益精深稍稍取李成之法布置愈造妙處然後多所自得至攄發胸臆則於高堂素壁放手作長松巨木回溪斷崖岩岫巉絶峯巒秀起雲烟變滅晻靄之間千態萬狀論者謂熙獨步一時雖年老落筆益壯如隨其年貌焉後著山水畫論可爲畫式宣和書譜

宋李唐畫雪景

絹本墨筆縱六尺二寸橫三尺四寸石渠寶笈續編著錄

李唐字晞古河陽三城人徽宗朝補入畫院建炎間授成忠郎畫院待詔賜金帶年近八十善山水人物筆意不凡尤工畫牛能詩

宋徽宗谿山秋色

紙本設色縱三尺橫一尺六寸五分石渠寶笈著錄

宋徽宗諱佶神宗第十一子建元建中靖國崇寧大觀政和重和宣和政和七年道籙院上章册爲教主道君太上皇帝取古名畫上自曹弗興下至黃居寀集爲一百帙列十四門總一千五百件名曰宣和睿覽獨於翎毛尤爲注意多以生漆點睛幾欲活動衆所莫及嘗寫仙禽之形二十又製奇峯散綺圖意有工奪造化妙外之趣又善墨竹花石自成一家畫後押字用天水及宣和政和小璽或用瓢印蟲魚篆文行草正書筆勢勁逸初學薛稷變其法度自號瘦金書元豐壬戌生宣和乙巳內禪建康丁未北狩紹興歲紀乙卯崩於沙漠壽五十有四著崇觀宸奎集御製集

宋董源洞天山堂

絹本設色縱五尺七寸五分橫二尺八寸

董源字叔達又字北苑江南鍾陵人事南唐爲後苑副使山水水墨頗類王維著色者如李思訓人物脫略凡格多作山石龍水使人可以遐想所寫風雨溪谷煙雲晦明與夫千巖萬壑重汀絕岸荊關之後殆其人歟又作鍾馗工人物馮延已入碧落宮論事逡巡不敢近後主詰之云有宮娥當門而立未敢竟進締視之乃琉璃畫屏夷光於上蓋源筆也

梁關仝山谿待渡

絹本淺設色縱四尺六寸九分橫三尺原無欵

石渠寶笈續編著錄

關仝長安人山水從荊浩木石出畢弘筆愈簡而氣愈壯景愈少而意愈長深造古淡如詩中淵明琴中賀若非碌碌畫工所能知也然人物非所工每有得意者必使胡翼主人物

元曹知白雙松圖

絹本墨筆縱三尺九寸六分横一尺七寸二分

宋人仿張僧繇山水

絹本設色縱六尺八寸四分橫二尺六寸五分石渠寶笈三編著錄

宋郭熙雲煙攬勝

絹本墨筆縱四尺七寸五分橫二尺七寸五分原無款識簽題郭熙幅上有「君玉」「五雲王氏」「青眉」三印又半印二不可辨

宋揚無咎獨坐彈琴

紙本墨筆縱二尺三寸橫八寸二分幅上有明沈度謝縉等題識四首明項元汴舊藏原無款識籤題揚無咎

按此幅題識共四人「古心」「瓊林生」二人行誼待考

宋揚無咎字補之號逃禪老人又自號清夷長者南昌人祖漢子雲其書揚字從手不從木水墨人物學李伯時梅竹松石水仙筆法清淡閑野爲世一絕[1]作紙梅下筆便勝花光仲仁嘗游臨江城中作折枝梅於樂工矮壁至今往來士夫多往觀之江西人得補之一幅梅價不下百千金[2]高宗朝以不直秦檜累徵不起年七十外[3]

(一)見圖繪寶鑑　(二)見洞天清錄　(三)見畫繼

明謝晉或作縉[1]字孔昭別號蘭庭生亦稱深翠道人晚自稱葵丘翁江蘇吳縣人善詩畫師王蒙趙原所著有蘭庭集[2]其名明詩綜作晉而集末贈盛啟東一首乃自題葵丘謝縉又附見沈大本詩一首題作寄謝一縉殆一人而兩名者耶[3]

(一)見四庫簡目　(二)見吳縣志　(三)見四庫全書蘭庭集提要

宋許道寧喬木圖

絹本設色縱四尺五寸三分橫二尺三寸七分原無款識籤題許道寧

宋許道寧長安人（聖朝名畫評作河間人）善畫山水泉石甚工初市藥都門時時戲拈筆而作寒林平遠之圖以聚觀者方時聲譽已著而筆法蓋得於李成一所長者三一林木二平遠三野水皆造其妙而又命意狂逸自成一家[二]老年唯以筆畫簡快爲己任故峯巒峭拔林木勁硬別成一家體張文懿贈詩曰李成謝世范寬死唯有長安許道寧非過言也[三]

（一）見宣和畫譜　（二）見聖朝名畫評　（三）見圖畫見聞志

宋李唐煙嵐蕭寺

絹本墨筆縱一尺五寸九分橫一尺五寸五分魏雋跋清高宗題縱八寸五分石渠寶笈三編著錄

元高克恭春雲曉靄

紙本淺設色縱四尺三寸五分橫一尺八寸二分

元朱德潤清高士奇舊藏江村或邨銷夏錄石渠寶笈三編均著錄

高克恭字彥敬（圖繪寶鑑云號房山）其先西域人後占籍大同至元十二年由京師貢補工部令史至大中大夫刑部尚書（鄧文原巴西集）初用二米法寫林巒煙雨晚更出入董北苑故爲一代奇作然不輕於著筆遇酒酣興發或好友在前雜取縑楮研墨揮毫乘快爲之神施鬼設不可端倪（柳貫待制集）墨竹學黃華（圖繪寶鑑）嘗自題云子昂寫竹神而不似仲賓寫竹似而不神其神而似者吾之兩此君也（梧溪集）趙集賢畫爲元人冠冕獨推重彥敬如後生事名家而倪迂題黃子久云雖不能夢見房山鷗波特有筆意則高尚書之品幾與吳興埒矣（董其昌畫旨）

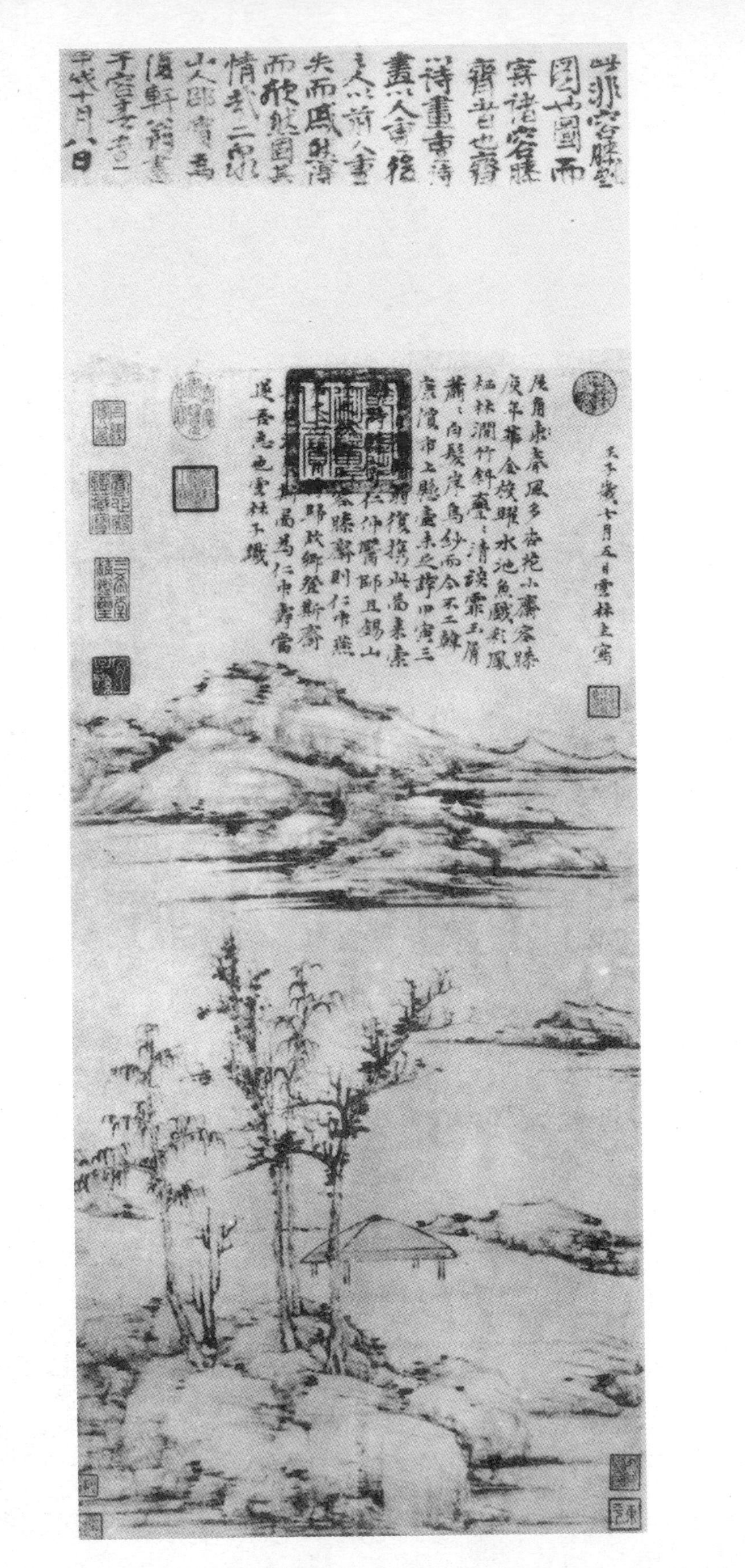

元倪瓚容膝齋圖

紙本墨筆縱二尺三寸四分橫一尺一寸一分詩塘邵寶題字縱二寸九分橫一尺一寸石渠寶笈著錄

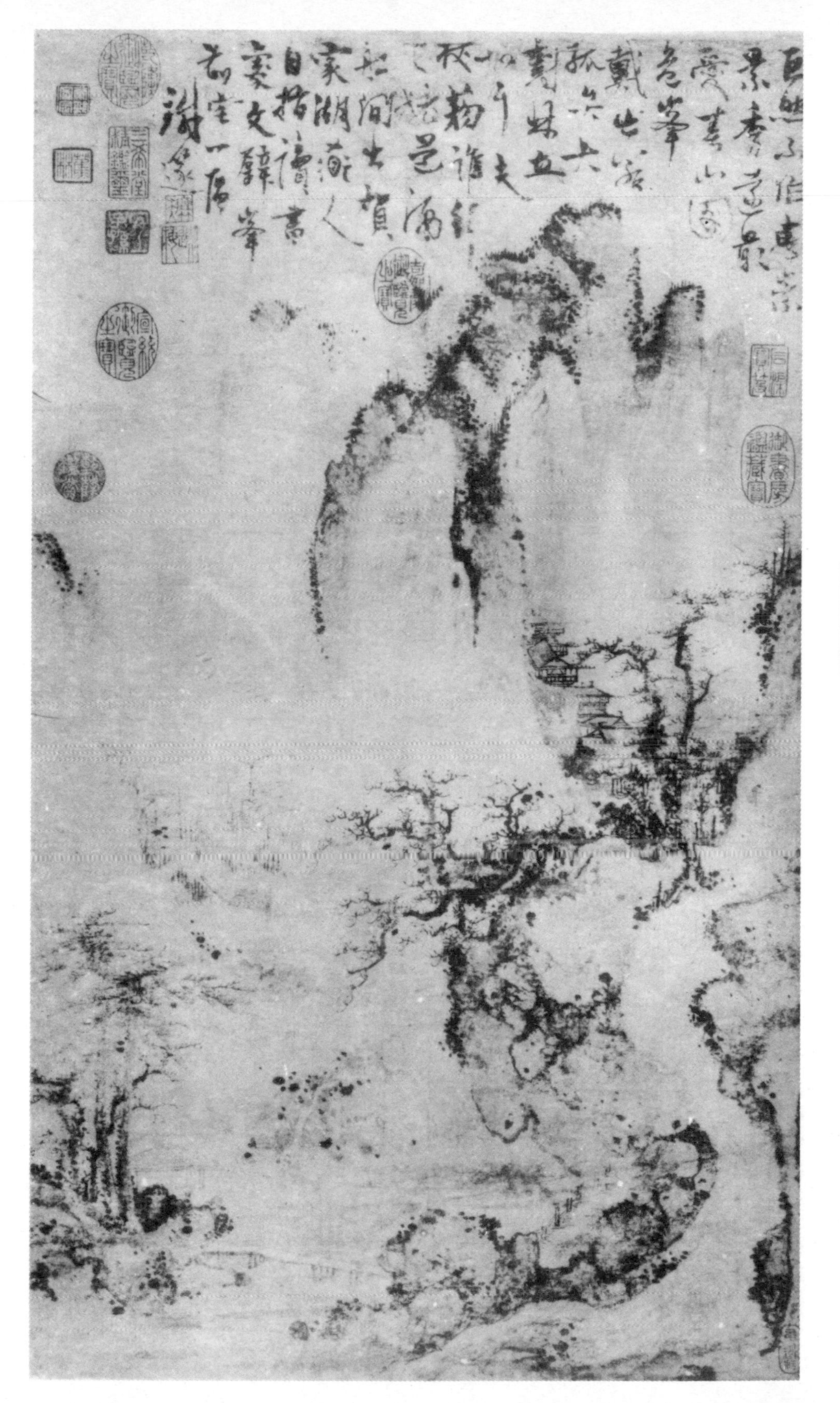

元人春山圖
紙本墨筆縱二尺二寸九分橫一尺三寸亖分清
梁清標舊藏石渠寶笈著錄

元

趙孟頫疎林秀石

紙本墨筆縱一尺六寸九分横八寸九分明史鑑邢侗張孝思舊藏石渠寶笈三編著錄(宋元集繪冊)

趙孟頫字子昂號松雪道人湖州人官至翰林學士承旨諡文敏見元史本傳畫山水竹石人馬花鳥悉造其徼窮其天趣至得意處不減古人見楊載翰林學士趙公狀往往對客取紙墨遊戲點染欲樹卽樹欲石卽石見許謙白雲遺藁書真行篆籀皆造古人地位復能以飛白作石金錯刀作墨竹則又古人之所鮮能者見鐵網珊瑚

元人寒林圖

絹本墨筆縱四尺八寸五分横三尺六分

元陳貞白雲山房

紙本墨筆縱三尺二寸四分橫一尺一寸石渠寶笈著錄

陳貞字履元錢塘人鄭元祐題履元畫玉山草堂圖云故人陳孟公辭如春雲氣如虹畫法師海岳山如騖鵬樹如龍

元吳鎮雙松圖
絹本墨筆縱五尺六寸六分橫三尺五寸石渠
寶笈著錄

元方從義神嶽瓊林
紙本設色縱三尺七寸六分橫一尺七寸六分
石渠寶笈著錄

元陸廣仙山樓觀

絹本設色縱四尺三寸三分橫三尺明項元汴舊藏石渠寶笈著錄

陸廣字季弘號天游生吳人畫筆倣王蒙亦如曹知白以蕭散幽淡爲宗樹枝有鸞舞蛇驚之勢

元盛懋溪山清夏
絹本設色縱六尺四寸横三尺三寸八分石渠寶笈三編著錄

元

方從義高高亭圖

紙本墨筆縱一尺九寸四分横八寸八分明楊士奇清宋犖舊藏石渠寶笈著錄

元曹知白羣峯雪霽

紙本墨筆縱四尺六分橫一尺七寸六分清耿昭

忠舊藏石渠寶笈著錄

元倪瓚王蒙合作山水

紙本墨筆縱三尺七寸八分橫一尺七寸七分珊瑚網石渠寶笈續編均著錄

倪瓚字元鎮署名東海瓚或曰嬾瓚變姓名曰奚元朗又曰元映曰幻霞生別號五曰荆蠻民淨名居士朱陽館主蕭閑仙卿雲林子明初被召不起人稱無錫高士山水不著色以天眞幽淡爲宗爲元季第一生平不喜作人物亦罕用圖章故有迂癖之稱家故饒於貲輕財好學嘗築清閟閣藏古書畫於中工詞翰書從隸法入手翰札奕奕有晉人風氣性甚狷介好潔絕類海岳翁尤善自晦匿至元初海內無事忽散其貲給親故人咸怪之未幾兵興富家悉被禍而瓚扁舟獨坐與漁人野叟混蹟五湖三泖間又類天隨子大德辛丑生洪武甲寅卒年七十有四

王蒙字叔明（一作叔銘）號黃鶴山樵湖州人（府志作仁和人）趙孟頫甥（一作松雪外孫）元末爲理問遇亂隱黃鶴山洪武初爲泰安知州廳事强記力學作詩文書畫盡有家法山水從松雪風韻中來既而汎濫唐宋名家更以董源王維爲宗故委致縱逸往往出松雪規模外在元已稱四大家亦善人物嘗與會稽郭傳僧知聰觀畫胡惟庸第洪武乙丑以維庸案被逮卒於獄

元曹知白踈林亭子

紙本墨筆縱二尺一寸四分廣一尺二寸四分石渠寶笈著錄

曹知白字又元一字貞素別號雲西華亭人至元中爲崑山教諭山水師郭熙李成筆墨清潤居官忽忽不樂辭去隱居讀易或放筆作畫掀髯長嘯人莫窺其際咸淳壬申生至元乙未卒年八十有四

元朱叔重秋山疊翠

紙本設色縱二尺二寸八分橫八寸三分石渠寶笈初編著錄

朱叔重（或作叔仲）吳人（鐵網珊瑚作婁東人）善繪畫　每賦一詩得摹寫之妙輒肆筆繪之二

一　見鼓枻藁

二　見鐵網珊瑚

元薩都剌嚴陵釣臺

紙本墨筆縱二尺六寸八分橫一尺石渠寶笈著錄

薩都剌字天錫以字行回紇人登進士仕爲淮西廉訪司經歷詩才曠逸楷書特工(見大觀錄卷十)

薩都拉字天錫號直齋其祖曰薩拉布哈(案薩拉布哈原作思蘭不花今改正)父曰傲拉齊(案傲拉齊原作阿魯赤今改正)以世勳鎮雲代居於雁門故世稱雁門薩都拉實蒙古人也舊本有干文傳序稱薩都拉者譯言濟善也(案薩都拉蒙古語結親也比云濟善疑文傳以不諳譯語致悞今姑仍原文而附訂於此)則本以蒙古之語連三字爲名而集中溪行中秋玩月詩乃自稱爲薩氏子殊不可解又孔齊至正直記載薩都拉本朱姓非傲拉齊所生其說不知何據豈本非蒙古之人故不諳蒙古之語竟誤執名爲姓耶疑以傳疑闕所不知可矣(見四庫全書總目)

元王振鵬瀛海勝景

絹本設色縱五尺一寸橫二尺六寸五分石渠寶笈三編著錄

王振鵬字朋梅號孤雲處士永嘉人官至漕運千戶界畫極工緻一運筆和墨豪分縷析左右高下俯仰曲折方員平直曲盡其體而神氣飛動不爲法拘嘗爲大明宮圖以獻世稱爲絕二

一 見圖繪寶鑑

二 見道園學古錄

元盛懋山水

紙本墨筆縱二尺一寸六分橫七寸七分款署武塘盛懋（盛字剝蝕）鈐印一「盛懋」半印左下方有「北平孫氏硯山齋圖書」收藏印石渠寶笈三編著錄

元趙原溪亭秋色

紙本墨筆縱二尺六寸五分橫八寸幅上有明王謙（字鳴吉）等題識五首清楊兆魯舊藏石渠寶笈續編著錄

按此幅題識共五人葉孟顯吳僧坦菴張建三人行誼待考

元趙原（一）元一作字善長號丹林山東人（二）一作姑蘇人畫師右丞北苑（一）山水雄麗可厲行叔明其墨竹尤得簡貴（一）法（三）洪武中徵畫史集中書令圖往賢著功名者原應對忤旨坐法（一）

（一）見無聲詩史　（二）見圖繪寶鑑　（三）見六研齋筆記

明王謙字鳴吉姑胥人以春秋學爲府學教授見清河書畫舫

清楊兆魯字泗生又字青巖江蘇武進人順治進士歷官建南參議提學江西復官閩中謝病歸有遂初堂集見武進縣志

按弟咸題識未書姓氏據石渠寶笈稱爲楊咸是否與青巖同族尚待考證

山深深用以樵雲水清清用以網鮮維斧維艇合仁知而得山水之情

元倪瓚遠岫樹石
紙本墨筆縱二尺七寸五分橫一尺二寸幅上有清
高宗題識清河書畫舫石渠寶笈續編均著錄

元朱叔重春塘柳色

紙本設色縱一尺二寸七分橫一尺四寸幅上有清

高宗題識幷明沈度王達二印石渠寶笈續編著錄

明陳汝言百丈泉

紙本墨筆縱三尺六寸横一尺五寸二分清安儀周舊藏墨緣彙觀石渠寶笈續編均著錄

陳汝言字惟允號秋水汝秩弟與兄有大髯小髯之稱山水宗趙魏公清潤可愛初與王蒙契厚蒙署樓面泰山張素絹於壁興至提筆三年而成汝言往訪看蒙畫欲改爲雪景沈思良久曰得之矣爲小弓張粉筆彈之儼如飛舞蒙叫絶嘆爲神奇工詩倜儻有謀略嘗參張士誠軍事洪武初以薦任濟南經歷坐事死臨難從容染翰畢就刑著秋水集

明人畫山水

紙本淺設色縱二尺五寸二分橫一尺二寸九分

詩塘文彭題字縱一尺一寸橫如本幅石渠寶笈

著錄

明
唐寅函關雪霽
絹本淺設色縱二尺一寸七分橫一尺一寸七分
清耿昭忠舊藏石渠寶笈三編著錄

明孫枝寫杜工部詩意

紙本淺設色縱三尺七寸三分橫一尺一寸四分

石渠寶笈三編著錄

明董其昌泉光雲影
紙本墨筆縱四尺橫一尺九寸八分清耿昭忠舊藏

明徐賁蜀山圖
紙本墨筆縱二尺七分横八寸五分石渠寶笈著錄

明藍瑛山水

絹本設色縱四尺五寸橫二尺二寸二分石渠寶笈續編著錄

藍瑛字田叔號蝶叟錢塘人山水法宋元自成一格頗類沈周人物花鳥梅竹俱得古人精蘊

明

謝時臣山水

紙本墨筆縱八寸橫三尺九寸五分文彭題縱八寸橫四尺八寸九分石渠寶笈著錄

謝時臣號樗仙吳人善山水得沈石田意而稍變焉筆勢縱橫設色淺淡人物點綴極其瀟灑尤善於水江潮湖海種種皆妙

文彭字壽承號三橋待詔徵明子也書學鍾王後效懷素晚年則全學過庭而尤精篆隸索書者接踵不斷先生手不停揮求者無不當意

明徐賁畫山水

紙本淺設色縱一尺九寸四分橫一尺二寸三分清朱彝尊舊藏石渠寶笈三編著錄

徐賁字幼文號北郭生其先蜀人自毘陵徙吳爲長洲人又居湖州蜀山洪武甲寅徵起累官河南布政畫法董巨圖染有山澤間意小景則清麗蕭疎雲林之流亞也小楷法鍾兼虞清逸可愛詞彩遒麗風淒月朗人稱其詩品如楚客叢蘭湘君芳杜時稱十才子之一以軍征洮岷道其境坐犒勞不時下獄死著北郭集

明侯懋功仿元人筆

紙本淺設色縱三尺三寸七分橫一尺五分明

孫克弘舊藏石渠寶笈著錄

侯懋功字延賞號夷門吳人師錢穀受法於文

徵明宗大癡叔明皴皴入彀

明項聖謨畫山水

紙本墨筆縱二尺六寸四分橫九寸五分清惠棟

舊藏石渠寶笈著錄

明趙左畫山水
紙本設色縱三尺八寸三分橫一尺八分石渠寶
笈續編著錄

明文伯仁松岡竹塢
紙本設色縱四尺一寸四分橫九寸六分明安紹
芳舊藏石渠寶笈著錄

明文伯仁方壺圖

紙本設色縱三尺七寸八分橫九寸九分清梁清標舊藏石渠寶笈著錄

明文徵明仿王蒙山水

紙本墨筆縱四尺一寸九分橫一尺一寸二分石渠寶笈續編著錄

明程嘉燧秋溪疊嶂

紙本墨筆縱六尺二寸橫二尺四寸五分

程嘉燧字孟陽號松圓休寧人僑居嘉定山水宗倪黃兼工寫生筆墨腴潤求畫者致幣鄭重請乞嘉燧摩挲縮瑟經歲不能就一紙曉音律嗜古書畫器物自少學制科不成去學劍又不成乃折節讀書意爲詩歌三十而詩大就主於陶冶性靈與李流芳等爲詩畫友又與同里唐時升婁堅稱練川三老與人交婉孌曲折臨分執手口語刺刺至於責備行誼引經據古死生患難慷慨敦篤古之節士無以過之嘉靖乙丑生崇禎癸未還休寧卒年七十九著浪淘集

明文徵明古木寒泉

紙本設色縱六尺四分横一尺八寸石渠寶笈著錄

文徵明初名璧以字行更字徵仲號衡山長洲人信國公裔以貢薦試吏部授翰林院待詔畢鄉飲大賓山水遠學郭熙近學松雪而得意之筆往往以工緻勝至其氣韻神采獨步一時又善寫花鳥竹果楷書師二王古隸師鍾太傅詩得中晚唐格趣父林爲溫州郡守卒吏民醵千金爲賻徵明時年十六悉却之吏民故修却金亭以配前守胡文淵而記其事爲人和而介寧王宸濠慕其名貽書聘之辭病不赴正德末入仕待詔侍經筵歲時頒賜與諸詞臣齒後乞歸致仕四方乞詩文書畫者接踵於道惟富貴人不易得片楮尤不肯與王府及中貴人曰此法所禁也周徽諸王以寶玩爲贈不啟封而還之外國使者過吳門望里肅拜以不獲見爲恨文筆徧天下成化庚寅生嘉靖己未卒年九十贈南京國子監博士私謚貞獻先生著莆田集

明唐寅空山觀瀑

紙本墨筆縱二尺八寸三分橫一尺二寸

明戴文進畫山水

絹本設色縱四尺三寸四分橫二尺五寸

明宋旭雲巒秋瀑

紙本設色縱三尺九寸四分橫一尺三分石渠寶笈初編著錄

宋旭字初暘（嘉興府志作字石門）崇德人（圖繪寶鑑作湖州人）家石門善詩工八分書所畫山水高華蒼蔚(一)山頭樹木蒼勁古拙巨幅大障頗有氣勢(二)博綜內外典通禪理(三)游寓多居精舍禪燈孤榻世以髮僧高之(一)與雲門莫廷韓(是龍)入殳山社繪白雀寺壁時稱神妙(三)年八十無疾而逝(一)

(一) 見明畫錄

(二) 見圖繪寶鑑續纂

(三) 見嘉興府志

明唐寅畫山水
絹本設色縱四尺三寸八分橫一尺四寸八分清
朱之赤舊藏石渠寶笈三編著錄

明董其昌秋林書屋

紙本墨筆縱一尺七寸橫一尺八寸石渠寶笈著錄

董其昌字元宰號思白華亭人萬曆乙丑進士入詞垣累晉禮部尚書山水樹石煙雲流潤神氣充足而出以儒雅之筆風流蘊藉爲當時第一自言其畫與文太史較有短長文之精工吾所不如書法平原吳興獨自成家年近大耋猶燈下作蠅頭小楷無所不仿直追晉魏惟行草傳世居多蓋其天才俊逸少負重名在講席因事啟沃見知光宗爲僉所忌凡奄人請書翰者一切謝絕不激不隨故得免於黨人之禍以書畫妙天下如高麗流球均知寶之和易近人不爲崖岸庸夫俗子皆得至前貴公巨卿乞者多倩人應之或點染已就倩以贋筆相易欣然題署不計也家多姬侍各具絹素相求稍倦則謠詠繼之購其真蹟得之閨房者居多通禪理精鑒賞蕭閒吐納如海岳吳興一流人也幼時父漢儒有學行從枕上授經悉能誦記比通顯爲侍郎有田一傳以教習卒於官請假走數千里護其喪歸葬督學湖廣不狥請託爲勢家忌詔修神宗實錄命往南方採輯先朝手疏及遺事廣搜博徵錄成三百本又採留中之疏切於國本凡人才風俗吏治有關者別爲四十卷做史贊之例表進之有詔褒美宣付史館嘉靖乙卯生崇正丙子卒年八十有二贈太子太傅諡文敏著萬曆事實纂要南京翰林志容臺集畫禪室隨筆石刻曰玉煙堂

明唐寅山路松聲

絹本設色縱六尺五分橫三尺二寸石渠寶笈三編著錄

唐寅字子畏一字伯虎號六如吳人宏治戊午舉應天解元畫師周臣而青出於藍凡山水人物花草無一不能評者謂其遠攻李唐足任偏師近交沈周可當半席工古文詞詩歌效白居易體其合者尤令人解頤書得吳興法而妍疋賦性疎朗任逸不羈與同里狂生張靈縱酒不事諸生業祝允明規之乃修舉業會試有富子載與俱北既入試有友人都穆仇富子抨於朝言與主司有私陷寅斥椽於浙藩嘗自署其章曰江南第一風流才子寧藩宸濠厚幣聘之察其有異志佯瘋放還晚好佛氏治圖舍北桃花塢日飲其中成化庚寅生嘉靖癸未卒年五十四著畫譜並集傳世

明沈周廬山高

紙本淺著色縱六尺橫三尺五分墨綠彙觀寶笈續編均著錄

沈周字啟南號白石翁世稱石田先生恒吉子諸畫皆善少時所爲盈尺小幅四十外始拓爲大幅粗枝大葉草草而成所謂唐宋名流上下千載縱橫百輩兼總條貫如唐寅文壁咸出龍門往往致於風雲之表其時藝院不知誰當並馳也郡守欲繪屋壁里有疾之者入其名遂被攝或勸之謁貴游可免答曰往役義也謁貴游不更辱乎已而守入覲銓曹問沈先生無恙乎守不知所對漫應曰無恙見內閣李東陽問沈先生有牘乎守益謂

復漫應曰有而未至守出倉皇謁侍郎吳寬問沈先生者何人寬備言其狀詢左右乃畫壁生也比還再拜引咎其書法黃庭堅文學左氏詩學白居易蘇軾陸游爲人耿介獨立年十一游南都作百韵詩上巡撫侍郎崔恭面試鳳臺賦援筆立就恭大嗟異比長書無不窺郡守欲以賢良薦筮易得遯之九五遂絕意隱遯孺慕終身風神蕭散碧眼飄鬚儼如神仙中人文翰揮映百年來迨無過之者宣德丁未生正德己巳卒年八十有三有客坐新聞石田詩鈔

明

董其昌山水

紙本墨筆縱四尺八寸七分橫一尺五寸六分款署明卿年兄以所撰承天誌見示作此圖報謝壬子八月朝崑山道中其昌識鈐印一「董其昌印」石渠寶笈未見著錄

明沈周畫山水

紙本墨筆縱一尺八寸七分橫一尺三寸五分款署沈周鈐印一「啟南」幅上有明陳蒙題識左下角有「希之」一印石渠寶笈未見著錄

明張宏畫山水

紙本設色縱二尺五分橫九寸八分款署張宏鈐印

二「張宏」「君度」

明董其昌仿倪瓚山陰邱壑
紙本墨筆縱二尺一分橫一尺四寸明陳繼儒題
縱一尺石渠寶笈著錄

清董邦達仙廬澄霽
紙本墨筆縱二尺八寸八分橫一尺一寸三分石
渠寶笈三編著錄

清王原祁華山秋色

紙本設色縱三尺六寸四分橫一尺五寸五分石渠寶笈著錄

清王翬夏木垂陰

紙本墨筆縱二尺一分橫一尺一寸九分石渠寶笈續編著錄

清高宗竹爐山房圖

藏經紙本墨筆縱三尺六寸橫一尺七寸六分石渠寶笈三編著錄

按竹爐山房在玉泉山靜明園仿惠山聽松庵製爲十六景之一見清通志都邑略

清王原祁仿黃公望山水
紙本設色縱三尺八寸二分橫一尺八寸二分石
渠寶笈續編著錄

清王翬奇峯聳秀
紙本墨筆縱一尺九寸四分横九寸二分石渠寶
笈續編著錄

清曹夔音畫山水

紙本設色縱三尺三寸橫一尺七寸五分石渠寶笈三編著錄

曹夔音爲房雍熙外孫山水得曹知白遺意畫史彙傳

清

董邦達漁村野彴

紙本墨筆縱三尺七寸三分橫一尺七寸五分石

渠寶笈三編著錄

清張鵬翀翠巘高秋

紙本淺設色縱三尺三分橫九寸三分石渠寶笈續編著錄

張鵬翀字天飛號南華嘉定人雍正丁未進士翰林編修善山水師元四家尤長倪黃法雲峯高厚沙水幽深筆淸墨潤設色冲淡兼有麓臺石谷之風嘗曰近來畫道非庸卽俗日就淩澌奚不極力振刷安繼前徽觀其筆力足副其言洵畫苑之後勁也康熙戊辰生乾隆乙丑卒年五十八著南華詩集

清董邦達雲嵐疊翠
紙本設色縱三尺五寸橫一尺六寸五分石渠
寶笈續編著錄

淸王時敏仿黃公望浮嵐暖翠
紙本墨筆縱一尺九寸八分橫八寸八分淸汪
季靑舊藏石渠寶笈續編著錄

清錢維城寒林欲雪

紙本墨筆縱五尺三寸八分横三尺四寸石渠寶笈續編著錄

錢維城字宗磐號紉菴又號稼軒武進人乾隆乙丑殿試第一人仕至工部侍郎山水氣韻沈厚得力於董邦達間亦作寫意折枝花果隨清高宗行圍木蘭高宗親殪一虎命維城繪圖刻石紀事康熙庚子生乾隆壬辰卒年五十有三謚文敏

清高其佩畫山水

絹本設色縱六尺九寸七分橫三尺四寸一分

清錢維城江閣遠帆
紙本設色縱三尺九寸二分橫二尺四寸六分石
渠寶笈續編著錄

清

王翬夏麓晴雲

絹本設色縱四尺四寸七分橫二尺一寸石渠寶笈三編著錄

清王時敏畫山水
紙本設色縱五尺三寸三分横一尺一寸八分石
渠寶笈續編著錄

清赫奕仿倪黃合作筆意

絹本設色縱三尺五寸七分橫一尺六寸四分石渠寶笈初編著錄

清允禧畫山水
紙本設色縱一尺五寸七分橫一尺三分石渠寶笈三編著錄

清錢維城盤山圖

紙本設色縱四尺九寸八分橫一尺七寸三分石渠寶笈三編著錄

清

董邦達秋林平遠

紙本設色縱五尺七寸三分橫三尺三分石渠寶笈續編著錄

清
王原祁晴翠浮嵐
紙本設色縱三尺七寸八分橫一尺六寸六分石
渠寶笈初編著錄

清
永瑢畫秋寺鳴泉
紙本設色縱四尺四寸八分橫一尺八寸一分款
署子臣永瑢恭畫鈐印二「子臣永瑢」「敬畫」石渠
寶笈續編著錄

清

張宗蒼雲嵐松翠圖

紙本設色縱五尺一寸七分橫三尺七寸二分款署臣張宗蒼恭畫鈐印二「張」「宗蒼」幅上有清高宗御題石渠寶笈續編著錄

清錢維城畫廬山高

紙本設色縱四尺二寸六分橫二尺款署臣錢維城

恭繪鈐印二「臣錢維城」「敬事」石渠寶笈續編著錄

清弘旿雲岑開錦

紙本設色縱四尺二寸橫二尺一寸款署臣弘旿敬繪鈐印二「臣旿」「敬繪」石渠寶笈續編著錄

清惲壽平富春山圖

絹本設色縱五尺二寸五分橫二尺一寸七分款署

惲壽平鈐印二「壽平」「正叔」

清關槐羣峰積玉

紙本設色縱四尺二寸橫二尺一寸石渠寶笈三編著錄

清王翬山村雨霽

絹本設色縱三尺六分橫一尺五寸六分款王翬二字缺其半石渠寶笈三編著錄

清王原祁平林罨翠

絹本設色縦三尺三寸三分横一尺六寸四分石渠寶笈著錄